Trampantojo

Trampantojo

GONZALO ALBIÑANA PÉREZ

Trabajo de Ilustración: Raquel Brito Lasso

Número de Control de la Biblioteca del Congreso de EE. UU.:		2013905563
ISBN:	Tapa Dura	978-1-4633-4752-9
	Tapa Blanda	978-1-4633-4750-5
	Libro Electrónico	978-1-4633-4751-2

Este libro fue impreso en España.

Fecha de revisión: 05/04/2013

Para realizar pedidos de este libro, contacte con:
Palibrio
1663 Liberty Drive
Suite 200
Bloomington, IN 47403
Gratis desde España al 900.866.949
Gratis desde EE. UU. al 877.407.5847
Gratis desde México al 01.800.288.2243
Desde otro país al +1.812.671.9757
Fax: 01.812.355.1576
ventas@palibrio.com
445510

Índice

trampantojo

Diccionario de la lengua española © 2005 Espasa-Calpe:

trampantojo

1. m. Ilusión, trampa con que se engaña la vista haciendo ver lo que no es:
   en la pared del fondo había una puerta que resultó ser un trampantojo.

Un trampantojo (o «trampa ante el ojo», también llamada trompe-l'œil, expresión francesa que significa que «engaña el ojo») es una técnica pictórica que intenta engañar la vista jugando con la perspectiva y otros efectos ópticos.

No te comas este libro

VOL I.-
HISTORIAS DE UN LUGAR LLAMADO PECERA

- De la vida
  la ciudad
  la gente

- Cajón DeSastre

- Cuentondario

- De la vida, pág. 93

Instrucciones para dar cuerda a un Pez Globo

"Este recién adquirido nuevo amigo, el Helium Nadadorescencis, conocido popularmente como Pez Globo, no es solamente una idónea mascota, sino también un frágil y raro espécimen. Su atención, se lo advierto, requerirá de una disposición constante.

En primer lugar deberá cultivar el hábito de cambiar su globuario con inflexible puntualidad cada jueves por la tarde. El correcto inflado del mismo se consigue con treinta y tres certeras, precisas, matemáticas exhalaciones del patéticamente mortal (para usted) gas de helio.

Resulta esencial que dicho proceso se realice de forma buco-manual y exclusiva por el que será dueño y señor de la criatura, ya que la influencia del gas de helio en su garganta y pulmones conseguirá que, con la constancia, el animal se acostumbre y reaccione con consabido afecto ante la aflautada voz que inevitablemente va a acabar por desarrollar.

No debe extrañarse si por este motivo y con el tiempo, este ser acabe siendo el único con el que pueda mantener una charla, mas no se alarme, su brillante imaginación, (y cuerpo escamoso), lo compensarán.

Continúe entonces con el anudado. Nunca debe hacerse ni asfixiantemente fuerte ni tampoco descuidado. Otorguemos en la mesura a nuestro amigo pez la oportunidad de dejar destilar sus sueños, sin llegar a tener infructuosos derrames.

Este es un privilegio raramente disfrutado por sus congéneres humanos y él lo sabrá apreciar.

Corone ahora y ate con cinta de color, favorito preferiblemente. Un simpático y revoloteante bucle distraerá la atención sobre los vulnerables, cristalinos muros del globuario de la vista y garras de niños y gatos. (A cual peor). Cuídelo también de ramas, bajas y altas, pero ni remotamente trate de impedirle volar.

La flotación es siempre necesaria en su adecuada formación y crecimiento, pese a los disgustos y desengaños que le pueda ocasionar. No vaya a engañarse y piense que este libre albedrío aéreo le convertirá de manera irredenta en uno de esos peces globo distantes, huraños, olvidadizos o inestables. Criado con cautiverio o sin él, dependerá siempre de que una firme mano, tirando al final del hilo, sostenga su cordura. La que le quede.

El animal se nutre de felices pensamientos e ingeniosas ideas. No se preocupe por ser feliz. Esa contradicción podría ser fatal. Para ambos.

Finalmente, y ahora sí, lúzcalo vibrante, llévelo consigo al parque. Le sorprenderá de lo que es capaz el Helium Nadadorescencis si se le infla la oportunidad".

- De la gente, pág. 15

Mientras se ataba los zapatos

Verano tras verano, veía llegar, sentada sobre el tejado, las bandadas de pájaros.

Libertad irredenta, majestuosa.

Nunca entendió por qué, pudiendo estar en cualquier rincón del mundo, elegían siempre las mismas ramas para posarse.

Nunca se atrevió, tampoco, a hacerse la misma pregunta.

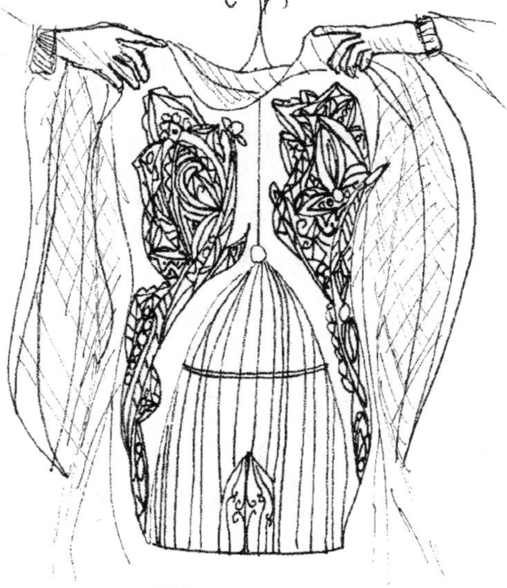

- De la ciudad, pág. 7

Carnaval nunca fue nada más que la excusa para tomarse la molestia de tener cara bajo la máscara.

Sumergido, sí, pero luchando con la corriente del agridulce compás que marca el Vals submarino de salones ahogados, sin rescate, por la buena sociedad.

Le dicen que con el aire ausente en los pulmones se respira mejor.

- De la gente, pág. 68

Cuando despertó, el dinosaurio todavía estaba allí.

Ella, desconfiada, pensaba que ni siquiera iba a llamarla.

- De la vida, pág. 42

Perdió la cabeza al encontrarla sobre sus hombros.

Suerte que la pecera le conservó el sombrero.

Ideas y pensamientos al fin fríos, pasados por agua y con consejo escamoso.

- De la ciudad, pág. 57

Diecisiete largos años pasó pintando nubes, parar morir, tristemente, sin conocer su obra maestra.

Aquel día de tormenta coloreó, con lluvia y truenos, la lápida y el Universo que enterraba sus nunca más pálidos pies.

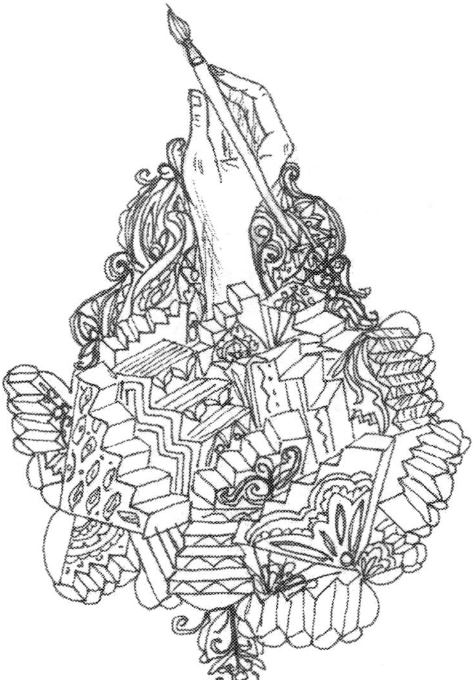

Esta página tenía como propósito quedarse completamente en blanco

- De la vida, pág. 342

No voy a mentirte. No podría ni siquiera intentarlo. Estoy destrozado. Y agotado. Y lleno.

Ha pasado algo terrible. Algo que...en fin, sin rodeos. Mi hermano ha muerto. Lo atropellaron. Langostas.

Sabía que algún día vendrían a vengarse. Sábado, noche cerrada. Algunas copas y encima alérgico. Espantoso, créeme.

En la policía ni quieren ni pueden ayudarme. He hecho mis preguntas, ¿sabes?, pero claro, es ese maldito y famoso silencio crustáceo. Tienen sus tenacitas bien cerradas.

Nadie quería darme un nombre y yo...bueno, tuve que encargarme del cadáver.

Ya sabes como soy bajo presión. No consigo controlarme. El asunto se puso feo y acabamos con una olla de agua hirviendo y una cena deliciosa. Sigo sin saber quién lo hizo, pero al menos, ya no hace falta enterrarle. Verás cuando se lo diga a Mamá.

¿Solución Caníbal?

Lobster are people too.

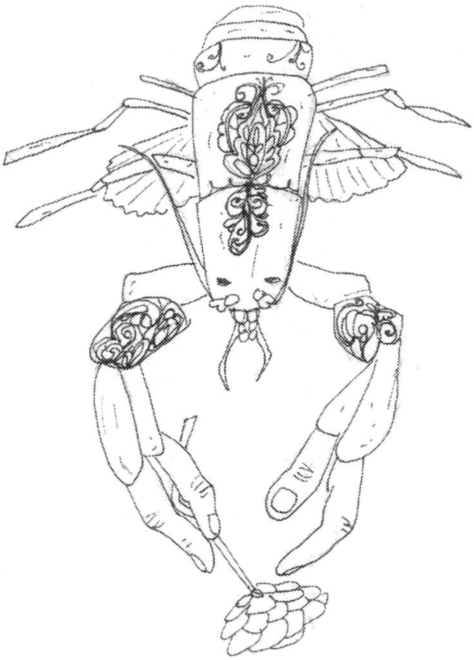

- De la gente, pág. 29

Ink of Beauty. Beautink.

Exploradores en avanzadilla abren lentamente senda a lo largo de sus brazos.

Veredicto definitivo el de coronar, población mediante, la cima de sus hombros sugerentes y sugeridos para convivencia espiritual de los ciudadanos peca.

Instauraron al llegar un sistema de mensajería basado en la interacción y mezcla con la tinta sobre el níveo puro lienzo de la piel.

La carne hablará silenciosamente a gritos para que el cuerpo no pueda olvidar lo que al corazón le gustaría.

Imposible saber los secretos que no cuentan esos labios carmesí, y que esconde en sus ojos felinos.

Je suis dans ma ville.

- Cajón DeSastre, pág. Clinamen Dadá de 15

1.11 11.11

11.11.2012 07:03

La verdad es esta. Solo sale de noche. Solo sale de noche, ¿recuerdas?
Solo sale de noche y debes estar muy atento,
no vaya a ser que parpadees, desaparezca, y entonces la pierdas.

Inténtalo cuanto quieras. Necesitas de ojos entrenados, ojos expertos, para poder conseguir verla.
Ojos cansados, en fin, de buscar año tras año tras año tras año,
todo signo o rastro de pájaros de plata. A ciegas.

Bebe si quieres, canta, pues solo sale de noche. Solo sale de noche, ¿recuerdas?
Solo sale de noche porque solo entonces quiere olvidar su tonta manía y costumbre de saber qué es lo que dice, a ciencia cierta.

Es evidente. Y nunca has sido más feliz que convenciéndote a ti mismo de lo claro que puedes oír,
el batir y latir puro, de sus alas abiertas.
Alas de libertad y sueños. Alas de mina, alas de cebra.
Alas del cristal más precioso y radiante,
soplado en el tímido aire de la carcajada más dulce,
que jamás escuchó la Tierra.

Las estrellas no pueden brillar sin oscuridad. Quién lo probó lo sabe.

Y siempre hay algo de verdad en unos cordones desatados y un maullido en soledad.
Escondida, intermitente, intermitente o no, pero siempre, bajo su arrullo en las tejuelas,
butaca preferente para un baile estelar de luces color púrpura, color violeta.

*U*no siempre procura encontrar. Laberintos. Dicotomías. Seres. Vidas.
Sombrereros mucho mejores que yo fracasaron tiempo ha en la meta. Mucho mejores que yo, puede, pero ninguno con mi corte. Tijera ya oxidada por estar tan nueva.

*L*a verdad es esta. La verdad es esta. Solo sale de noche, ¿recuerdas?

*A*cuarela.

- De la vida, pág. 55

Madre. Mor.

Laten los dos corazones, laten fuertes en el mismo cuerpo. Orondo, ancestral y perfecto. Manantial de vida y oportunidad que regala a ciegas la promesa de luz ruidosa. Tambores en sintonía de una travesía nueva que engrandece al encoger a pasos agigantados. Amorosos, cálidos, protectores, dulces y agigantados.

Två hjärtan slår, slå stark i samma kropp. Orondo, släkt och perfekt. Fontän av liv och möjligheter som ger löftet blint bullriga ljus. Trummor i samklang med en ny resa som förstorar den snabbt krympande. Kärleksfull, varm, skyddande, söt och gränser.

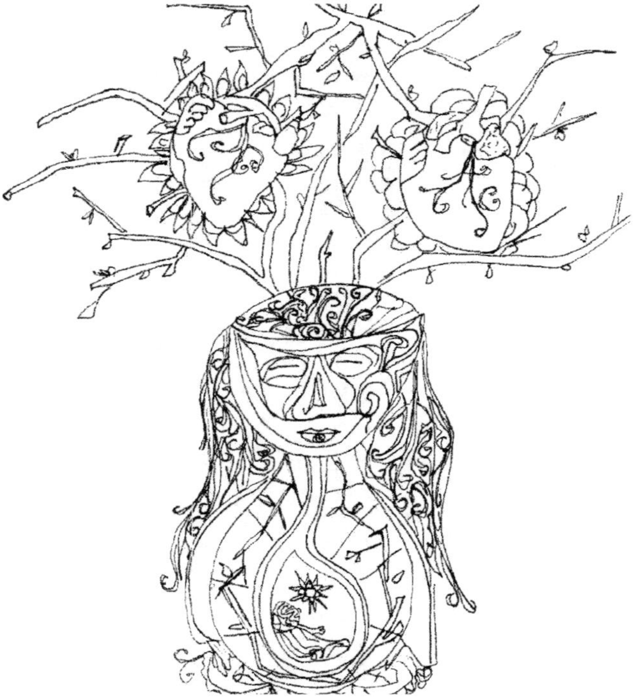

- De la ciudad, pág. 37

Que cómodo.

Los calcetines son diminutos y zurcidos sacos de dormir, porque no es nada fácil ser un asiento de autobús.

Ni vivir en.

Qué cómodo.

- De la gente, pág. 69

Regenta

Con una gran equis roja tachó el nombre de la lista.

Claudia suma ya 342 príncipes que no resultaron azules a la hora de las perdices. Creo que aún sigue contando.

Antes o después, devolverá el corazón a la torre, para regentar entonces en soledad y solitario.

- De la vida, pág. 0

Pensaba meter los pies en una maceta y plantarme en la cabeza un enorme girasol.

Lástima que no vaya a darme tiempo con eso de tener que suicidarte.

Te prefiero de geranio.

- De la gente, pág. 690690

Plantó hierbas y flores en su piel.

Las raíces crecieron, llegaron a su corazón.

Le hicieron cambiante y previsible con las estaciones.

Estuvo enterrada hondo, muy hondo, en una maceta de barro viejo, fuerte pero roto.

Las lágrimas se mezclaban con el rocío, y le sirvieron de riego.

Ahora inventa soles con sonrisas, y yo, recolecto para ella las mejores que encuentro. Así, en el día que le falten, reponerlas sin que lo note.

- **Cajón Desastre, pág. Dauma, pp. 79-80**

¿Cada cuánto tiempo hay que regar el pánico una vez que está sembrado?

- **De la vida, pág. 92**

Decidió estudiar para gato.

Por curiosidad.

Para ver si lo mataba, básicamente.

- De la ciudad, pág. 606

Llevo colgando del cuello de la camisa las gafas de sol. No me hacen falta.

Crepita, maúlla, gime, muge, quejándose quizás, el cuero de mi mochila mientras busco la palmera perfecta en la que abandonar mi espalda. Creo que me esperaba.

Crujen ahora los vaqueros. Me siento. Cruzo las piernas. Me quito los zapatos. No me hacen falta. Escondido entre mis párpados sospecho a mí alrededor.

Estoy sentado en una pequeña, diminuta isla verde, con pocas y pequeñas palmeras. Y oigo cómo susurra el mar. Y el viento. Y creo escuchar gente, pero ni palabra de la arena, ni del agua. Supongo que se han ido. No me hacen falta.

Sólo comparto la hierba con un emplumado. Puede que amigo, o no, o nada. El cuervo, no hay duda, más grande que he visto. Decido bautizarlo Poe, y Poede que como represalia, porque parece uno de esos pájaros que ni creen en Dios ni creen en Marx, empieza a picotear el suelo.

No cedo a su protesta, menos por violenta. Trato de ignorarle y de respirar. Cuando nuestros ojos, negros, vuelven a cruzarse, descubro que el animal ha devorado casi toda la isla. Distraigo a la bestia convidándola a un trago breve en un charco escaso de la isla momentánea.

Vuelvo a respirar y el cuervo se ha ido. No sé a dónde, ni a cuándo, ni por qué ni cómo. Cuento briznas esmeralda con las yemas de los dedos y los empeines de mis pies. Y entonces aparece un perro. Un perro enorme. Un perro negro. Me invita a jugar mientras finge que no estoy, que no estamos aquí.

Se tumba sobre su espalda y apoya la frente en el suelo.

Acaricia con las patas el poco aire que nos queda y deja que se desenrolle y ruede libre su lengua. Es, no hay duda, la lengua más grande que he visto. Algo roza mi cara. Sol y niebla. El perro se ha ido.

Que se vayan. Que se vayan todos.

Caigo falto ya de palmera e isla, supongo que se las llevó el can.

Que se vayan.

No me hacen falta.

- De la ciudad, en Argentina, pág. 8:44

En aquel tiempo, el mundo de los espejos, de los reflejos de las peceras (agua y cristal) y el de los hombres, no estaban, como están ahora, incomunicados.

Eran, además, muy diversos; no coincidían ni los seres, ni los colores, ni las formas. Ambos reinos, especular y humano, vivían en paz. Se entraba y se salía por cualquier superficie reflectante.

Una noche, y sin mayor motivo, la gente del espejo invadió la tierra. Su fuerza era grande, pero al cabo de sangrientas batallas las artes mágicas del Emperador Amarillo prevalecieron.

Este rechazó a los invasores, los encarceló en los espejos y les impuso la tarea de repetir, como en una especie de sueño, todos los actos de los hombres. Los privó de su fuerza y su figura, los redujo a meras copias serviles. Un día, sin embargo, sacudirán ese letargo mágico.

El primero que despertará será el Pez. En el fondo del espejo aparecerá una línea muy tenue, y el color de esta línea será de un color parecido a ningún otro. Después, irán despertando las otras formas.

Gradualmente, diferirán de nosotros. Gradualmente, no nos imitarán.

Romperán las barreras de vidrio o metal, romperán las peceras y esta vez no serán vencidos. Antes de la invasión, oiremos desde el fondo un murmullo de armas y agua.

Esta página puede arrancarse, cortarse,
quemarse o comerse

Exactamente igual que todas las demás

- De la vida, pág. 9 de 10

Creen que es simplemente nostalgia pero, lo que nunca les contará es que, si aún guarda cada moneda de 25 pesetas es para poder ver, a través del agujero, los días que pasaron.

¿Puedo preguntarle desde cuando viaja en el tiempo?

...desde luego...

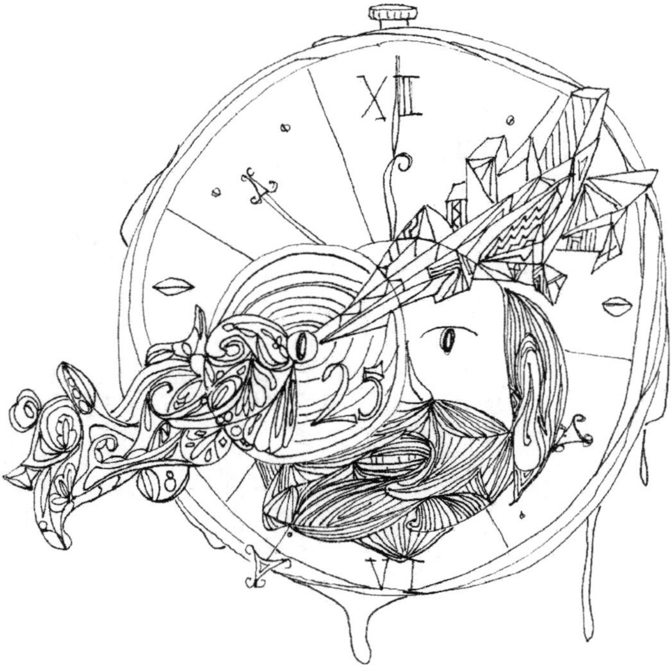

- De la gente, pág.

Guarda cada uno de sus abonos con la tonta esperanza de algún día poder recuperar y recomponer cada trozo de su vida que fue rodando y desgastando de vagón en vagón.

Cierra los ojos y deja que la soledad que disfruta en la multitud, y la oscuridad de los chirridos, le acunen. Ha decidido perderse de una vez y empezar a encontrarse.

Éste, el único motivo por el que consiguió plantarse doce paradas atrás. No volveré a verla, aunque nos crucemos, invisibles e inadvertidos, en el próximo transbordo.

No volveré a verla y no importa, porque lo sabe.

Baja en adiós.

- Cajón DeSastre, pág.

sE cuenta por aquí una historia, cuanto menos, curiosa.

hAblan libros y leyendas escocesas de que los bRownies son hombrecillos serviciales. pEqueños. hOmbrecitos color pardo.

sUelen visitar las granjas y, durante el sueño de la familia, colaboran con las tareas domésticas, como en ese cuento de gRimm.

eL ilustre escritor rObert lOuis sTevenson afirmó que había adiestrado a los suyos en el oficio literario. cUando soñaba, y al oído, estos le sugerían locos temas fantásticos. fUeron ellos quienes transformaron al apacible señor dR jEkyll en el diabólico mR hYde, y no esa extraña solución química.

cRreo que el postre homónimo se inventó como forma de agradecimiento, y creo también que, sin intención, fue su fin.

aL fin y al cabo, ¿qué diferencia hay para un brownie entre comerse a un brownie o a un brownie?

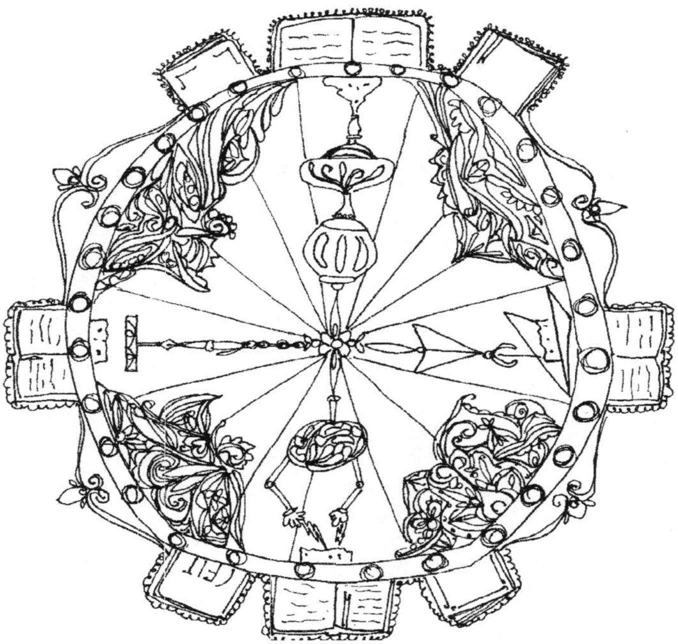

- La vida,(90 años aproximadamente):

Seré breve, dijo.

¿Y yo?,

Apenas sé nada.

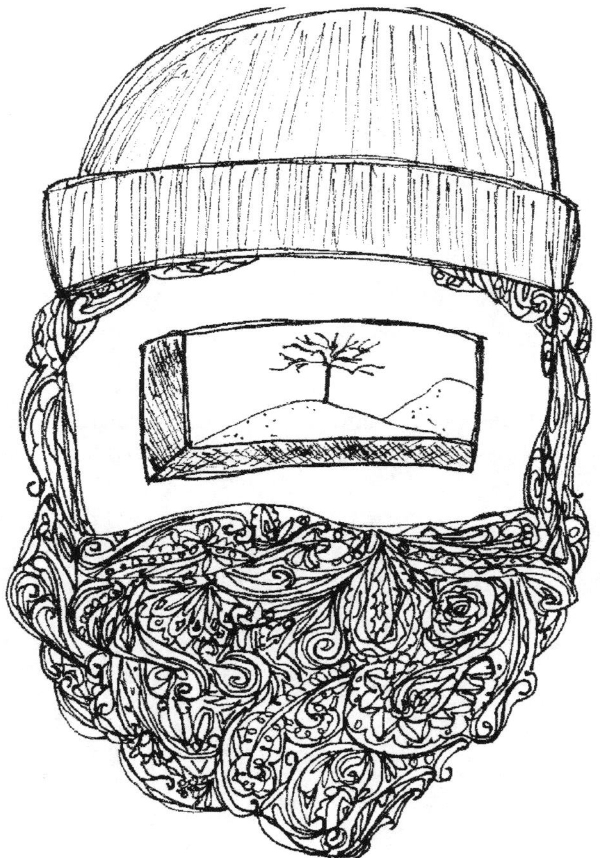

- ¿De la gente?, pág. 469 Kj

La Gallina Fortunata

Fortunata era una gallina bastante peculiar, una gallina diferente, una gallina visionaria.

Empeñada en que el mundo debía ver y curar sus cicatrices, decidió adoptar gatitos como polluelos. Hablar de integración, de integridad.

Estos la trataron y respondieron con amor, pero acabaron por hartarse de las dietas de gusanos.

Ñam, ñam.

- De la ciudad, pág. 31

Echarán de menos las risas y los juegos. El que dos, tres, cuatro parejas de bobos enamorados graben a cuchillo sus nombres, mordiendo la corteza. Será la luz del Sol.

Querrán, supongo que esperarán, que las pise algún bonito pie descalzo.

No entiendo ni entenderé la tristeza que consigue que se suiciden, una por una, las hojas del ya viejo árbol.

- **Cajón DeSastre, pág.** *ἐπὶ τὰ μετὰ τὰ φυσικά*

Me contó que hubo una época. Una época para encontrar el Pipofón. Una época en la que se llamaba Mario. Una época en la que no sabía silbar.

Desde nacimiento, casi, resultaba ser un implacable defensor de la tortilla sin cebolla. No tenía miedo, ningún miedo, a las posibles y lacrimógenas represalias de sus detractores, ya que su corazón y mente estaban entregados por aquel entonces al noble arte y oficio de la carpintería. Aunque no puede decirse que trabajase la madera con naturalidad o soltura.

Estos términos no harían justicia a tamaña destreza. De las curtidas manos que agarraban buril y tronco, la artesanía, sencillamente, florecía.

Gustaba nuestro amigo de relajarse con hondas y libres de hebras, picaduras o rapé, caladas de su bien terminada, como no, pipa de roble. De esas redondeadas, con forma de huevo. No es otra sino esta la particular protagonista de nuestro relato, pues sucedió que un buen día, por descuido del patrón sobre una de sus herramientas, se abrió en el nacarino lacado de la cánula, pasada la primera mitad ébano, un perfecto agujero.

Ni que decir tiene que nada advirtió Mario cuando de nada recargó la cazoleta suave, sencilla, alta. Tampoco fue con la ignición nunca dada del fósforo ausente.

Él era un ignominioso desconocedor de música y solfeo, pero con la primera aspiración, le sorprendió reconocer, proviniendo de aquel cuerpo, un sostenido Fa Mayor.

Apartó el atacador y la herramienta checa. La bolsa de tabaco, vacía como siempre, rodó por el suelo bailando con el serrín. La pipa, aún encendida, descansaba ahora en sus manos sometida a laborioso escrutinio. No llegaba a comprender, incrédulo, cómo podría haber sucedido semejante arreglo.

Decidió entonces aceptar la nueva realidad, y sacarle provecho. Con mecánicos movimientos, fluidos, limpió la boquilla de residuos, fijó el torno y empuñó el punzón.

Pronto siete nuevos orificios acompañaban al inesperado. Convertido ahora en un saxofón de bolsillo, el instrumento orquestaba en el taller, solo para él, melódicos conciertos de sinfónica nicotina imaginada, escondidas las partituras en las nubes de humo.

- De la vida, pág. 247

No sabría decidirse. Toda aquella atmósfera tenía su particular y embriagador encanto. Quizás fuese el baño de luz de flexo; los dulces compases nocturnos de bien apurados cigarrillos a medias; el arañazo de aquellos olores, en nube de tormenta de palabras; la melodía hipnótica, monótona gobernanta del teclear en omnisciente e ignorante máquina y de rasgar a pluma historias de revoluciones, de hombres y de sus sueños.

Componían sus días carreras de párrafos a ciegas, en rotativa, y estas solo conseguían que acabase por enfrentarse una y otra vez con su Parker heredada como única defensa ante la voracidad, el hambre insaciable de tintas en negro de aquellos amantes crueles que son los papeles en blanco.

Había tantas y tantas cosas por las que escribir, cantidades ingentes que se tornaban incontables si, perdido en la persecución de ese corazón de poetisa suyo que tenía por afán y costumbre escapársele del pecho, saltaba el siempre gris muro de ladrillos de noticias y leyes, pilares de una realidad que, en el fondo, no era la suya.

Fue el aroma del café lo que le devolvió al baile, y esta vez rompería la pista estrenando aquellos nuevos zapatos que traían titular. Doce años. Doce años terriblemente inabarcables terminaban por volcarse en aquellas esperadas líneas. Investigación y caso más importante en su poco dilatada, insignificante carrera. Insignificante hasta hoy.

Sus palabras darían voz a los que llevaban callando demasiado, a capricho y amenaza de aquellos que son protagonistas de la montaña de carretes y blocs de notas que lejos de ser cigarra había ido amontonando. Cada punto, cada coma, reunía a empujones libertad y justicia.

Nunca llegó, en cambio, el punto y final. Es paradójico lo mucho que puede silenciar el ruido de un disparo y lo difícil de distinguir contenido de tintero y sangre. Ninguna de las dos volverá a recorrer sus venas, porque hay historias que dan miedo, y son de carne y hueso sus fantasmas.

- De la gente, pág. 15

Secreto de Sari

Sola. Rodeada de gente y sola. Te mira, perdida. Rodeada de gente y sola. Naufragas. En el azul de sus ojos sabios, de sus ojos vivos. Vivos de verdad. De sus ojos de pájaro que sueña. En la roja perla que corona su frente. Buceando en los secretos que esconde el Sari. Buceando en la cromática multitud. Buceando y buscando su mano.

Una mano que está sola. Rodeada de gente y sola. Una mano de la que no quieres soltarte, jamás, porque jamás encontraron las tuyas, tristes y cansadas, belleza o perfección semejante. Y te ahogas al amarla pues la amas sin querer. Sin opción. Sin fronteras.

Y coges el delicioso aire, en tus anegados pulmones, que te regala el delicado y fortuito roce de su piel. Y sabes que eres un hombre estúpido y afortunado, pues su sonrisa es el misterio que ni pediste, ni quieres, ni puedes resolver.

Para que no vuelva a estar sola. Rodeada de gente y sola.

Y te tenga a ti, aquí, sin querer y sin tenerte.

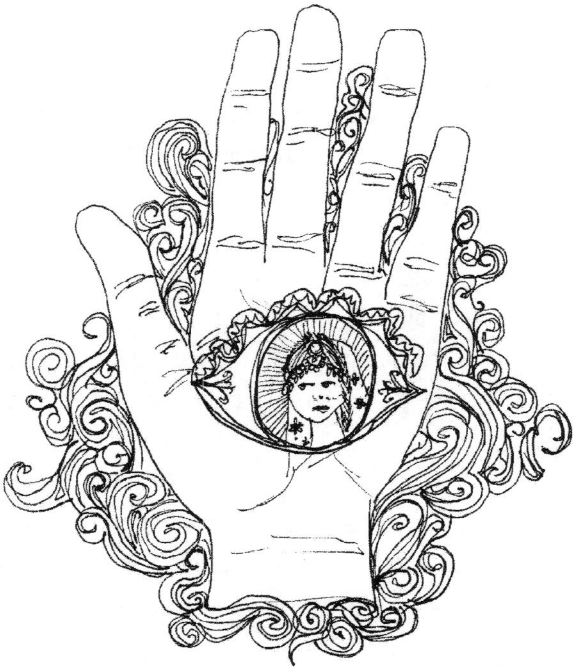

- De la ciudad, pág. 24,90

Precio del billete

Reina y rima, indeciso y tímido, el silencio en el vagón. Hace al menos unas horas que la voz hojalata del tren no anuncia más paradas. Nada que ver con un final de trayecto, destino alcanzado, gracias y adiós; nada que ver con haber vuelto. La garganta de metal, sencillamente, se apagó mientras dormía.

Y sigue viendo, tras despertar, correr al paisaje sin entender qué pasa. Cada vez ve más, con sus ojos profundos y secos, y conoce menos. Yermas estepas, pinares discretos, cielos azules abiertos y de nubes ausentes, distraen su atención tanto como conjuran el miedo. Más que acariciar, abraza un castigado lomo de libro, tratando de buscar consuelo en ese pequeño traquetear de dudas en las letras siempre amigas, esperando una respuesta, una explicación que no parece llegar.

Todo ha sido inútil. Ha tratado de recorrer el tren, gritar por conseguir algo de atención, salir del compartimento. Nadie lo escucha y en esta sección de clase preferente, no había más pasajeros. Sentado ahora, no deja de pensar en lo paradójico que resulta que, esa soledad que elegía y disfrutaba a capricho, se le vea en este momento impuesta y lo empiece a desagradar. Hombre regio y sofisticado, bien sabe mantener la calma con un implacable, férreo nudo de corbata. Mansedumbre y serenidad ocho veces más grandes que sus gemelos.

Se descalza y hace crujir los huesos de los cansados dedos de sus pies. Unos calcetines desgastados humillarán siempre a unos zapatos serios. Contemplando no solo la caída de las gomas que desesperadas tratan de agarrarse y trepar por sus tobillos, sino también la caída del sol, se lamenta de esa valentonada suya, inocente parricidio simbólico y rebelde, de oponerse a deslucir reloj. Nada le gustaría más que saber la hora. Dejó el libro en el asiento compañero.

Había tratado alguna vez de llevarlo, nunca con demasiado éxito. Un hombre de su posición supone una edad, y demasiadas ocupaciones como para permitirse un lujo así, pero la asfixia de su muñeca le recordaba demasiado a las manos de Padre, y a la ausencia de una caricia o unos cariños de los que no era dadivoso.

Acabó por desarrollar con los años una especie de intuición natural, una responsabilidad horaria que supliera la carencia de áncoras de rubí y ruedas, pero atrapado en esta burbuja se había acabado por desorientar, aún más después de haber dormido lo que cree que fue la primera gran parte del trayecto.

Aplastando la cara contra el enorme ventanal, pudo contar cuatro vagones más delante del suyo, y capitaneándolos en cabeza, la locomotora. Maldito viernes. Todavía debe quedar gente que subiera en la estación. Tiene que haber, al menos, un maquinista. Maldito viernes, maldito viernes. Maldito trabajo y maldito viernes. Lo más inteligente será volver a intentar abrir la puerta. Chaqueta fuera, sin preocuparse siquiera por doblarla. Mangas arriba. Debía bajar la maleta.

Cartón pluma marrón oscuro. Remaches de oro. Asa de cuero. Algo pretenciosa quizá, pero inefablemente funcional. Sucia, eso sí, de los arrumacos del andén. Sucia, pero bueno. Coloca la mano fuerte sobre el borde de la repisa, las yemas rozan el grabado del número para el asiento del viajero, y escala hasta hacerse con un buen agarre de la misma. El pie izquierdo aterriza en la felpa de la manta que la ahora ausente azafata le trajo galante de amabilidad. Un pequeño impulso con la cadera. Balanceo.

Poco más que vergonzoso fracaso para el primer intento. Decide liberar a la izquierda de la responsabilidad de mantener el cabecero erguido en su atalaya de costura industrial para encomendarla en su lugar a un apoyo aéreo a la gemela, o la siamesa porque, no son ya a golpe de lunares, tan parecidas. Desesperadas, intentan arrancar la valija de las muelas de acero del convoy.

Recompensada la perseverancia consigue sacarla, pero, un desacuerdo o malentendido entre las rodillas y la mínima mesa auxiliar provoca que acabe por aterrizar en el suelo. Un ruido sordo y seco anuncia la rotura de uno de los goznes. La maleta se abre y las camisetas interiores, mudas limpias y cuadernos deciden hacer uso de la libertad que reclamaban tiempo ha. La broma de revoloteo no le desespera. Sistemático, se humilla sobre una rodilla y comienza a estructurar y clasificar de nuevo.

Lo primero en almacenar, el regalo para María. Él siempre había procurado ser un padre amoroso y ejemplar, todo lo apuesto a su modelo, por lo que no podía descuidar y faltar a su faceta ahora como abuelo. A pesar de que, por mucho trebejo y cachivache que se le regalara, su juguete favorito siempre sería las canas que lentas pero implacables exploraban los terrenos de la jungla de su bigote. Grandes y dulces recuerdos. A otros, como aquel recorte de periódico que se insinúa en la frontera de la porta folios, no se atreve a mirar, y los entierra en tinta.

Ocupa los dos asientos anexos con su instrumental de viajero, y se dirige hacia la fuerza. Hacia la puerta, vamos. Pero a la fuerza. Entablada una trifulca en la que ninguna de las dos partes parece estar dispuesta a ceder, la emprende con ella a golpes pero, al rendirse, se tumba en la moqueta sin molestarse si quiera en comprobar la homónima del final del corredor. La corbata comienza a pesar tanto como sus párpados. Hay días en que es mejor no poner un pie fuera de las sábanas.

Dos orificios nasales. Mentón. Algo de barba. Estómago generoso y cubierto con un peto. Abrir los ojos para encontrar semejante visual fue todo un acontecimiento. Se incorporó de la manera más ágil que las articulaciones de segunda le permiten, y comprobó en el ascenso su alrededor. Estaban solos y todo seguía en su puesto.

-¿Quién es usted?, ¿qué hago todavía aquí?, las puertas están bloqueadas. Tiene que ayudarme.- Espetó.

- Soy el Maquinista.´

- Pero, el tren sigue en marcha, eso no es posible.

- Este tren no necesita a nadie. Nadie lo necesita tampoco a él.

- Resulta que yo sí que lo necesito, lo necesito para volver. De donde quiera que estemos. He pasado mi parada. Tengo que salir de aquí. Tengo que volver.

- Relájese Roberto.- Dio media vuelta. Era un hombre calvo, nariz chata. Metro noventa quizá. El Maquinista comenzó andar hacia la cabecera del vagón.

- ¿Cómo sabe mi nombre?, ¿cómo quiere...cómo diablos quiere que me calme?- Se sentía totalmente fuera de sí pero las maneras poco iban a importarle. – Abra ahora mismo esa puerta, y déjeme bajar.

- Todavía no.-

Debe salir de aquí, debe salir de aquí. Debe salir de aquí. En la persecución, uno de los cinturones de Roberto, que debió escapar al escrupuloso reclutamiento, decide ponerle una pequeña traba a uno de los pies, que lo hace tropezar. Cuando levanta la cabeza, el Maquinista se ha ido. Loco de furia carga como una bestia contra la chapa de la puerta, que apenas gime. Vuelve su mirada a las paredes del vagón buscando algún martillo de seguridad. Respira más y más y más fuerte, y cada vez menos. Nada le es de utilidad así que llevado por el ardor, abraza y catapulta ambas partes de su equipaje contra el ventanal de su sección. El cristal cede en un estrépito puro de vidrio diáfano y sin pensar, Roberto salta. Al fin y al cabo, tiene que haber probabilidades de sobrevivir al golpe.

Vorágine de colores, gritos de maquinaria y viento se colaron por el desagüe de su visión antes de que todo fuese absorbido por una oscuridad gobernanta.

Retira su dedo índice la molesta presencia de legañas que habían empezado a colapsar sus ojos. Envuelven sus piernas para abrigar hasta los zapatos negros la felpa roja de su manta. Sobre sus rodillas, descansa también el Werther. Aquel condenado tomo había marcado toda su juventud. Era un especial. En el respaldo, su cabeza y sus malos sueños. Se alegró, lo que le hizo recuperar algo de conciencia y estado terreno, de que aquella angustia de siesta delirante se hubiera quedado en eso. La manicura de la azafata araña con delicadeza su americana para ofrecerle un poco apetecible zumo de naranja. Y a los tres los acuna el anuncio de una próxima parada. Todo es de una lógica impecable y de su agrado.

-¿Sería tan amable, señorita, de decirme la hora?

- Por supuesto, deje que lo consulte con el personal, ahora mismo vuelvo.-

Finas y escarpadas agujas de tacón abren paso al sendero de pantorrilla que sus ojos no son capaces de evitar recorrer. Agradeció cada pisada como si hubiera vuelto a ver el sol, y no por que fueran unas piernas bonitas. La puerta se cerró tras la joven y no pudo más que sentirse aliviado al encontrarse libre de semejante y carcelaria pesadilla. Producto consecuente y lógico de la exposición de su delicado vientre a la ingesta de estas consumiciones y las viandas de ferrocarril.

De cualquier modo, había disfrutado como ningún año este congreso. Vitoria es una ciudad que lo enamora en cada faceta. Se sentía honrado y satisfecho con su conferencia. Eran, en su modesta opinión, las mejores soluciones. Para el bien de todos. Todo un éxito, todo un éxito.

Próxima estación: San Esteban de Gormaz

-¿Señor?, disculpe, son las doce menos cuarto.- Un precioso brillo coronaba el fondo de sus ojos azules.

- Le agradezco la molestia- sonrió. – ¿Puedo preguntarle si llegaremos pronto a la Estación de Atocha?-

Abrió distraído su volumen de "Las penas del joven Werther". Las páginas se encontraban en blanco salvo por un omnipresente y sencillo mensaje. Aquellos ojos ahora no mostraban mucha vida.

- Todavía no.

Calla la megafonía. Si delicadas antes, ahora las garras de manicura francesa le arrebatan la manta para llevársela y ocultarse el rostro y la melena. Roberto se levanta y la empuja aterrorizado. Unos pasos atrás y la figura empieza a encoger. Menguada a la mitad, nueva estampa y tipo florecen de los pliegues de la tela. El hombre trata desesperado de huir y cobijarse en alguna rendija del cascarón de la pared que no hubiera visto antes. Reza por ser diminuto. Inexistente. Una niña. Una niña pequeña. Pupilas ensangrentadas en odio se posan sobre el mismo corazón de Roberto. *Todavía no.* Desgarran baldíos sus brazos el aire. Desgarran y grita. Grita. Grita hasta perder el conocimiento.

Era una sala gris. Un gris manzana podrida. Gris viejo, gris de hierro. El zumbido constante no ayudaba para nada a soportar o mitigar las migrañas que lo castigaban y lo habían sacado de la inconsciencia. De espaldas frente a él, un hombre. El peto le era conocido. Al menos ya no estaba en el vagón, aunque aún tuviera el mismo o mayor miedo. Aquella era la silueta de quien se presentó como Maquinista. Flanqueados por monitores, tuberías y suciedad, y aceptando la idea de que lo convencional aquí había dejado de funcionar, decide hacer acopio de valor y fuerzas y entablar una conversación con el señor. Cuál fue su sorpresa que sin girarse siquiera el desconocido se le adelanta.

-Tú eres Roberto.- Masca y tose.- Roberto Lafuente. – Masca más.- Y no vas a bajar del tren hasta que pagues el precio.

-No entiendo. Aboné en taquilla un cargo. Veinticuatro con noventa. Déjenme ir, se lo ruego. Mi familia espera en casa por el cumpleaños de mi nieta. Debe haber un error. Un enorme error.

-No.

-¡Maldita sea!, ¡ese era el precio del billete!, ¡ni un solo céntimo más!

-Lo era antes de haber dormido, al subir, para acabar muerto.

-Qué diablos está diciendo…

-Tienes que pagar. Tú.- Segundos de silencio cortan el vacío, y el rostro de Roberto.- Por ella.

- Yo no he podido morir, yo no he muerto. ¡Míreme! No tengo nada por lo que pagar. No he hecho nada y si lo he hecho, no me arrepiento. Soy un cabeza de familia honrado ¡Déjenme salir! ¡Detengan esta farsa ahora mismo!

Agujas de dolor en su mandíbula lo empujan hasta el suelo. El golpe del Maquinista le deja sin resuello. Trata de recomponerse y andar, hacia atrás, con palmas y codos. El peto se acerca cada vez más a él. Esta vez, aunque no pueda evitarlo, el proyectil es diferente. Cae sobre su pecho el recorte de periódico que quería huir de su carpeta.

-Cómo puede tener esto.

-Es por lo que estás aquí, ya lo sabes.

-No hice nada. No hice nada y no quería que fuera así. Fue culpa de la niña, no mía. No tenía que acabar así. No tenía que ponerse feo. Yo solo...yo solo...si hubiera dejado de gritar...

Roberto estará, desde ahora, a solas con su llanto. La realidad nunca es suficiente y los secretos tienen precio. Alma errante y condenada a unas vías sin estación.

Estaba muy cansada, aburrida de jugar siempre a los mismos y tontos juegos. Nunca había hecho demasiadas migas con el resto de niños y niñas, aunque sí que tenía una amiga.

Se llamaba María y las dos se divertían mucho en los columpios, surcando aire y cielo con la fuerza del impulso de los brazos de su abuelo. Los pelitos blancos de su bigote les hacían muchas cosquillas cuando jugaba con ellas y usaban la hierba del suelo como mantel para sus tés.

Era un señor muy gracioso y ahora se había ido con él. Iban juntos en el coche, para hacer de Papá y Mamá, e ir a buscar a María, que sería su hija pequeña. No había avisado a Gloria pero ella nunca se enfadaba ni se chivaba cuando volvían del parque.

Se estaba haciendo tarde. ¿Cuándo iba a volver a casa?

Todavía no.

Esta página

- De la gente, pág. 3112

Empezó así, con las oes, saben las cerillas que sí, pero, según iba domesticando la pipa, consiguió escribir en humo el abecedario al completo.

El problema de las palabras, y el de las humaredas, es que, quieras o no, se las acaban llevando el viento.

- De la vida, pág. 5741

Nueve meses más tarde dio a luz una increíblenorme cantidad de pañuelos, cartas y conejos.

No quedaba duda alguna de que el padre era el mago que vino con la feria al pueblo.

No le delataron las palomas en el quirófano, sino que el dolor que sintió fue el mismo que cuando la cortó por la mitad.

- De la ciudad, página 63

Me puse a escribir un cuento sobre una mujer que vive sola y desnuda, pero se dio cuenta, empezó a insultarme a gritos, por mirón, y lo tuve que dejar.

La escritura a veces senos escapa de las manos.

- De la gente, pág. 0

Si el hombre es en único animal que tropieza con la misma piedra dos veces, él, desde luego, acaba de patearla.

Es ya el tercer metecorchos que pierde y se le queda dentro por equivocarse e intentar abrir con él la botella de vino.

Los nombres son los nombres, y hay que respetarlos.

Escarmienta, imbécil.

O rompe el cristal…

- Cajón DeSastre, pág. 22 Palotin del 76

TE MATARÉ RAMÍREZ

- Cuentodario, págs. 26 a 30, págs. 3, 2, 1.

Lunes

Le despierta la Lluvia y le duele. Le duele la cabeza, le duele un pie. Le duele el mundo.

Testigo, víctima, juez y verdugo en una batalla milenaria, eterna, tan antigua como el hombre. Torturado esclavo del diapasón de las horas, con su universo gris, gris corbata. Agónicamente aburrido y gris, gris café. Agónicamente adulto.

Luz tímida, malva, perezosa. Indecisa. Comprensible pues, ella es al fin responsable de comenzar el día, acabar la noche, y esto, suceda o no, de golpe progresivo y simultáneo.

Y como su único compañero, una despiadada, taciturna, puntual navaja. Filo brillante, cuerpo de nácar. Diminuto nosferatu, tentado muy tentado. Espuma entonces, sangre y barba.

Brillo en los zapatos, casi casi nuevos, que chapotean en el asfalto.

Martes

En la calle hacía un largo rato que habían empezado a importarle las cosas sin importancia. Al menos todas aquellas en las que nadie suele reparar. Él es diferente. Puede que no tenga nada de especial, pero sí es diferente.

Desde niño pequeño, muy pequeño, había sido elegido, para bien o /y para mal, miembro y parte de entre aquellos que ven, sin quedarse en mirar.

Condena de nacimiento que forja y marca la ausencia de su notorio carácter, y que ha sabido grabar puntos en su "ir dejando pasar días", haciéndole un incombustible amante de coleccionar colecciones, y coleccionar misterios. Como el de aquella maleta vieja, muy vieja, que le daba más que ninguno deliciosas, deliciosísimas jaquecas.

Infranqueable cerradura, eternamente ignoto contenido el de esa que eligió independizarse, abandonarse en la madrileña Alberto Aguilera. Se preguntaba, siempre se preguntaba, si habría sido la maleta de un espía, de una bruja loca y vieja. Se preguntaba, siempre se preguntaba, si había quedado encerrado un dinosaurio, o quizás cientos. O pequeños universos en los que haya pequeñas maletas que contengan pequeños universos. Y más y más universos, y más y más maletas. Como espejos enfrentados. De Borges. De Alicia. Pero nunca le preguntaría a ella.

La corbata le apretaba y, créeme, no le gustan los martes.

Miércoles 15

Tenía que reconocer, pues era algo más que evidente, que estaba total, absoluta, locamente enamorado de ella.

Aún ruidosa, caótica, voluble, a veces cercana y a veces distante. La adoraba, la adoraba sobre todo por salvaje e incomprensible. Una eterna contradicción, vibrante y apasionada. Una eterna desconocida. De todos y de ninguno, suya y de nadie.

Nunca antes pasó tantas y tan interminables noches en vela, recorriendo, siempre emocionado pues siempre conseguía sorprenderle, cada una de sus finas curvas, tan llenas de historias que, a veces, si se sentía generosa, le contaba con susurros. Casi al oído. Casi secretos.

Con ella perderse tiene un significado diferente, diferente y maravilloso. Con su ir y venir, y sus locuras, con sus tacones y los zapatos algo viejos, terminó de caminar.

Era aquella, no hay duda, una ciudad maravillosa. Podrán sacarle de Madrid, pero nunca sacarían a Madrid de él. Le daba qué respirar, y ella es quien lo escucha, comprende, perdona, consuela.

Respirar hondo, muy hondo.

Cerrar los ojos.

En paz.

Jueves

Solo fue entonces, con la risa, el rumor del agua.

Estaba decidido a dejarse abrazar por esos discretos, diminutos, omnipresentes tanto como inadvertidos brazos verdes. Frescor de hierba. Rocío en las palmas.

Solo fue entonces, al encontrarse, que supo y pudo reunir el valor que le faltaba para jurarle al Sol que se dedicaría, con cada goteo de sus minutos, a no pestañear por otra cosa que no fuera el estallido de esas grandes, enormes, titánicas pompas, de inimaginables, inimaginadas formas.

Y le siguieron desconocidos acordes rotos, nacientes de esos dedos de los músicos con sombrero, reunidos al cigarrillo.

Y con estos, humo. Más y más viscoso. Caótico, místico e inexplicable. Un humo color plata. Pronto se vio rodeado, sumergido.

¿Qué podría hacer él, sino dormir por respirar?

Viernes

Nunca buscó otra cosa, nada salvo aquel lento beso rubio, que lento y lento baja. Y el poder gritar sin miedos todos los sueños de tinta que tiene o que le faltan.

Y en ese baúl nuevo, guarda, esperanzado, con calma, locas ideas de tiempos mejores y firmes patas. Patas que por esta vez, no llevan zapatos. Ni viejos, ni nuevos, ni nada. Fuerte la correa para sujetar la locura, más que menos escasa.

Sábado

Aquella era, de veras que lo era, una habitación irónica, sarcásticamente pequeña.

Pensaba, solo pensaba, sentado una vez más en esa colcha granate, irrespetuosamente bien flanqueado de cojines (algo más educados que el primero) y perdía la mirada que quedaba libre por entre los barrotes de aquel balcón, esos que habían sido testigos y serán para siempre guardianes de cientos de desconocidos visitantes, que colocaron sus secretos, puede que incluso al ritmo de alfabeto, entre el teléfono y los estantes. Nada tenía que decir de su relación con ese baño, pues estaba planeado que fuese meramente profesional. La televisión no podría darle en entretenimiento que los espejos sí. Perdonó a la mesa, los taburetes, al sofá. Algo llegó a sentir, creyó incluso, por aquel brillante, solícito y brillante tostador. Pasaba todo pero no podía. Con eso sí que no podía. Una cocina diminuta y ofensiva. Dos fogones, y cómplice microondas que insultaban su inteligencia facturada, ofreciéndole a degustación una parodia patética de la que podría ser una vida normal.

Calma en la tempestad cubierta de cerámicas azules y blancas, sucias. Una escena cuyo papel no estaba dispuesto a aprender aún a golpe de ascensor y cuadros anodinos, baratos. Él lo sabía. Evidentemente lo sabía. Claramente lo sabía. Allí no estaba, no estaría nunca su maleta. No podía ser un hogar. No en cambio un almacén. Gigante puede, industrial. De ilusiones rotas y perdidas. Perdidas y rotas. De Faubergé, de Pietóns. De Chamonix y Quai du Général- Guisan. Algo incluso Apollinaire, pero nunca de un hogar.

Domingo

Con la brisa de quietud, de calma, de bruma. Con la caricia, la caricia de los peces. Con un camino bajo sus pies, de destellos a la deriva que se pierden hasta un prado de luz en oleaje.

Insinúan las nubes, nubes de lluvia, casi con timidez, la cadena de nieve y montañas que tratan de intimidarle con pesadillas de infranqueables carpas. Nada tienen que hacer contra lo que sus ojos le regalan.

Un océano nuevo, de engañosa quietud, lleno de posibilidades. De guiños, olvido, volver a empezar. Reinan ahora las barcas el puerto, que se vuelve a llenar.

Antes o después, tirará los zapatos al agua.

Y al hundirse, ¿quién sabe?

Las corrientes empujan a lo desconocido.